VIE ABRÉGÉE

DE

SAINTE RICTRUDE.

SAINTE RICTRUDE (*)

DUCHESSE DE DOUAI

Patronne de Waziers

PRIEZ POUR NOUS.

(*) Cette gravure est la reproduction agrandie du portrait de Sainte RICTRUDE, qui se trouve dans *l'Histoire des Saints Ducs et Duchesses de Douai*, imprimée en 1637.

VIE ABRÉGÉE

DE

SAINTE RICTRUDE

DUCHESSE DE DOUAI

PATRONNE DE WAZIERS

DOUAI
IMPRIMERIE CATHOLIQUE DE L. DECHRISTÉ
Rue Jean-de-Bologne.
— 1877 —

ARCHEVÊCHÉ DE CAMBRAI.

Permis d'imprimer.

Cambrai, le 16 *août* 1877.

C.-J. Destombes, *Vic.-gén.*

PRÉFACE.

Le livre renfermant la vie de sainte Rictrude, mère de saint Maurand, patron de la ville de Douai, est devenu si rare, qu'on le trouve très-difficilement dans les bibliothèques même les plus complètes.

Cependant, les vertus et les miracles de cette femme héroïque ne peuvent rester dans l'oubli, à une époque surtout où le monde néglige les devoirs les plus essentiels de la vie chrétienne pour ne rechercher que les honneurs, les plaisirs et tout ce qui est capable de satisfaire son amour insatiable du bien-être.

Il m'a donc paru utile de recuillir les

actes (1) de cette âme sainte qui méprisa les vanités du monde pour se retirer dans la solitude et y méditer à son aise les grandes vérités du salut, et de les proposer à l'admiration et surtout à l'imitation de mes Paroissiens, qui ont le bonheur de l'avoir pour patronne.

Les mères de familles y trouveront des leçons salutaires pour l'éducation de leurs enfants.

Daigne sainte Rictrude, patronne de Waziers, bénir ce petit travail et inspirer à ceux qui le liront un grand zèle pour leur salut éternel. C'est l'unique but que se propose

Votre dévoué pasteur,

A. LEROY.

Waziers, le 25 août 1877.

(1) Voir *Chroniques de Marchiennes*; *Vie de sainte Rictrude*, par Hucbald; *Histoire des Saints Ducs et Duchesses de Douai*, par le P. Martin Lhermite; *Vies des Saints de Belgique*, par Molanus; *Manuscrits de Marchiennes et de Saint-Amé*; *Offices de Saint-Amé*; *Vie de sainte Berthe*, par M. Parenty; *Etude sur Jacques Coëne*, par M. Charles de Linas.

VIE DE SAINTE RICTRUDE

DUCHESSE DE DOUAI

Mulierem fortem quis inveniet ?
Qui trouvera une femme forte ?
(PROV., XXXI, 10).

C'est bien de nos jours que l'on peut s'écrier avec l'auteur du Livre des Proverbes : « Où trouvera-t-on une femme forte ? » En effet, si on considère la plupart des chrétiennes de notre époque, on ne rencontre trop souvent chez elles que faiblesses : faiblesse dans la volonté, dans le caractère, dans le commandement, dans la perplexité, dans la prospérité ; faiblesse surtout dans la pratique des maximes de l'Evangile.

Oui, voilà bien, par suite de l'affaiblissement de

l'esprit chrétien, le portrait de la plupart des femmes de ce siècle, qui prétend arriver au progrès en allant à la décadence, qui se dit fort en donnant au monde le spectacle des plus honteuses faiblesses.

Où trouverons-nous donc la femme forte? Remontons à ces prétendus siècles d'ignorance et de faiblesse, et nous y rencontrerons non-seulement la force qui fait la femme chrétienne, mais encore celle qui la place sur les autels par la pratique des vertus les plus héroïques, comme nous allons le voir en la personne de sainte Rictrude.

CHAPITRE Ier

NAISSANCE DE SAINTE RICTRUDE.

Sainte Rictrude naquit à Toulouse, l'an de Notre-Seigneur 613, de parents illustres par leurs richesses, mais surtout par leurs vertus. Elle apparut sur la terre comme une belle fleur dont les fruits devaient être donnés plus tard à Douai, à Marchiennes et à Merville.

Le duc Ernold, son père, était cousin du martyr saint Herménégilde, qui étant héritier de tant de royaumes, préféra la couronne du Ciel à celle de la terre, pour ne point souiller son âme en adhérant à l'hérésie d'Arius.

Sa mère, l'illustre fille des ducs de Cantabrie et d'Asturie et des rois de Navarre, se nommait Lucie.

Rictrude, grâce aux soins et à la vigilance de

ses parents, croissait tous les jours en sagesse à mesure qu'elle avançait en âge. A peine avait-elle l'usage de sa raison que déjà elle faisait ses délices de la prière et s'efforçait de conformer sa conduite aux maximes de l'Evangile, que sa pieuse mère confiait à sa jeune mémoire. Aussi faisait-elle tout à la fois l'honneur et la joie de ses parents, qui bénissaient le Ciel de leur avoir donné une enfant d'un si grand espoir, et s'efforçaient d'accroître les belles qualités de l'esprit et du cœur, dont Dieu avait doté leur enfant.

La vierge de Toulouse n'avait point encore vingt ans, et déjà elle donnait des marques visibles de sa future sainteté. Cependant, l'heure était venue de répondre à la voix de Dieu, qui appelait Rictrude à l'état du mariage.

Mais quel homme sera jugé digne de s'unir à une personne aussi accomplie ? Beaucoup la recherchent, et depuis longtemps déjà Rictrude aurait pu faire son choix parmi des hommes illustres par leurs richesses et le rang élevé qu'ils occupaient dans la société ; mais, bien différente de tant de jeunes filles qui suivent en cette importante affaire l'impulsion d'un amour profane ou d'un vil intérêt, elle ne veut rien précipiter, et s'en remet absolument à la décision de son père spirituel, saint Amand, à qui elle expose en toute simplicité les inclinations de son âme. Celui-ci voit dans cette révélation, non l'effet de la passion, mais le seul désir de répondre à une vocation qui venait du Ciel ; c'est pourquoi nous le verrons servir d'instrument à la Providence, pour procurer à Rictrude un époux digne d'elle.

CHAPITRE II

ADALBALDE DEMANDE RICTRUDE EN MARIAGE.

Adalbalde (1) venait de vaincre Ernold, père de notre sainte, à Toulouse, dans une expédition que lui avait confiée son oncle Dagobert contre les Visigoths, à la tête desquels combattait Ernold.

En cette circonstance toute providentielle, Adalbalde devait être vainqueur pour se laisser prendre aux charmes de Rictrude. A peine eut-il aperçu cette jeune vierge, qu'il fut touché de la candeur et de la modestie répandues sur les traits de son visage, dont la remarquable beauté n'était rien pour lui en comparaison de l'empire que la vertu de Rictrude exerçait sur son âme.

(1) Fils d'Ausbert, duc de Douai, et de la princesse Blitilde, dite Gerbette, sœur du roi Dagobert.

Aussi ne doute-t-il point que le Ciel lui a réservé cette belle fleur, en récompense du soin avec lequel il a su éviter les écueils d'une jeunesse toujours portée à laisser pénétrer dans son cœur les ardeurs d'un amour profane , et à se souiller au contact des plus viles passions.

Lui aussi ne veut point agir sans conseil en cette affaire importante. Il s'adresse à saint Amand, que Dieu semblait avoir choisi pour exécuter ses desseins sur deux âmes si nobles et si pures, et lui communique ses inclinations pour la princesse Rictrude. Saint Amand assure au duc Adalbalde que cette jeune princesse est douée d'une piété solide, d'une prudence éprouvée, d'une grâce incomparable. Adalbalde, sur ces données, n'hésite pas à demander Rictrude en mariage. Les parents de celle-ci s'en étonnent, et le renvoient au consentement de leur fille, qui veut de nouveau consulter l'homme de Dieu avant de prendre une détermination.

Saint Amand la rassure en lui disant qu'Adalbalde est un esprit doux et fort, animé d'une piété sincère et d'une humeur agréable, et que dans ces conditions elle ne doit rien craindre.

Rictrude s'en rapporte entièrement à l'avis de son directeur, qui ménage une première entrevue. A peine ces deux âmes si pures s'étaient-elles communiqué leurs sentiments, que le doute devenait impossible. Ernold, touché de la vertu de son vainqueur, lui accorde sa fille.

Alors le bruit court que le plus noble sang des Visigoths allait se mêler à celui de la France ; qu'une princesse de si haute renommée épousait un étranger d'une extraction ennemie, qu'on représentait comme insupportable dans sa victoire et dans son gouvernement. Comment la noble dame sa mère peut-elle supporter une pareille union ? Tant de princes du pays avaient jeté les yeux sur elle, et voilà qu'un homme du Nord l'emporte sur eux. Telles étaient les réclamations de quelques parents, qui voulaient entraver l'œuvre de Dieu. Mais que peuvent les hommes en présence de la volonté divine ?

Adalbalde épouse donc Rictrude, saint Amand bénit leur union ; le ciel et la terre se réjouissent à la vue de ces deux cœurs si bien faits l'un pour l'autre, à la vue de ceux qui doivent donner naissance à quatre saints enfants, qui édifieront toute cette contrée en y répandant la bonne odeur de leurs vertus.

CHAPITRE III.

LES JEUNES ÉPOUX ARRIVENT A DOUAI.

Après avoir affermi le royaume de son beau-père, Adalbalde quitte Toulouse avec son épouse pour venir prendre possession de ses vastes domaines à Douai et à Marchiennes.

Les habitants de ces villes soupiraient après l'arrivée de leur seigneur et de leur nouvelle dame, qui venaient faire leur bonheur. Ce n'était partout que jeux et largesses à leur entrée ; l'allégresse régnait dans tous les cœurs ; des feux de joie embellissaient leur triomphe ; les magistrats, revêtus de leurs insignes allèrent à leur rencontre, accompagnés de la troupe dans sa plus belle tenue.

A peine les saints époux étaient-ils arrivés dans leurs domaines, que le Ciel leur accordait une première bénédiction en la naissance d'un fils, de Maurand, qui sera plus tard le patron de la ville de Douai, et que Dieu conservera miraculeusement en le faisant échapper au grave danger que nous allons raconter.

Dieu, qui avait député l'archange Gabriel vers Marie pour lui annoncer le mystère de l'Incarnation, envoie le même messager vers Rictrude pour lui désigner celui qui devait tenir son enfant sur les fonts du baptême : « Un saint apôtre du nom de Riquier, dit l'ange à sainte Rictrude, va se présenter à votre porte ; vous le recevrez avec tout le respect dû à ses éminentes vertus, et vous lui demanderez d'être le parrain de votre enfant, afin qu'il soit son guide dans la voie qui mène à Dieu. »

A peine le céleste messager avait-il disparu, que Riquier se présente. Par ordre de sainte Rictrude, il est reçu avec tous les honneurs dûs à sa sainteté.

Cette mère chrétienne recommande son enfant aux prières de Riquier et le prie d'accepter la charge que lui avait destinée le Ciel.

La cérémonie du baptême terminée, le saint demeura quelque temps au palais, et pendant son séjour il ne cessa de conférer avec les saints époux du bonheur du Ciel ; il les encouragea à travailler sans cesse pour mériter cette belle récompense. Ses entretiens furent si éloquents et si persuasifs, qu'ils laissèrent d'ineffaçables souvenirs dans le cœur d'Adalbalde et de Rictrude.

Mais le saint apôtre devait quitter cette noble famille pour aller continuer ses missions. Il fait donc ses adieux et monte à cheval pour aller à la conquête des âmes. Comme il partait, Rictrude se souvient que saint Riquier a oublié de bénir son filleul ; elle le lui présente donc pendant qu'il était à cheval. Le saint le prend dans ses bras pour le bénir ; mais le démon, jaloux de la future sainteté de Maurand, s'empare du cheval qui s'élance, franchit tous les obstacles et met en grand danger la vie du missionnaire et celle de l'enfant qu'il tenait dans ses bras. Rictrude, toute éperdue, implore l'assistance du Ciel, qui inspire à saint Riquier d'abandonner l'enfant à la Providence. Il jette donc son précieux fardeau, qui gagne la terre aussi doucement que si les mains de sa mère l'avaient déposé dans son berceau. Aussitôt la furie de l'animal cesse (1), et Rictrude relève son enfant, qui lui souriait comme s'il n'avait couru aucun danger.

On l'a souvent dit : Tel père, tel fils ; et c'est ce qui se réalisera pour cet enfant sauvé si miraculeusement. Maurand avait un saint pour père, et il deviendra lui-même, grâce à l'éducation chrétienne et aux bons exemples qu'il reçoit de ses parents, un modèle accompli de toutes les vertus qui le porteront un jour sur les autels et mériteront pour Douai l'insigne honneur de l'avoir pour Patron.

Mais Maurand n'était pas la seule fleur que devait produire saint Adalbalde et sainte Rictrude. Le Ciel leur donna encore trois filles : Clotsende, Eusébie et Adalsende, qui toutes trois marcheront sur les traces de leurs pieux parents et deviendront dignes, par la pratique des plus

(1) Voir *Offices propres de l'insigne collégiale de Saint-Amé, à Douai*, 4e leçon de l'office du jour de la procession de la ville en l'honneur de saint Maurand, son patron. (Page 73, édition latine de Willerval, in-8°, Douai, 1640).

sublimes vertus, d'être inscrites au nombre des saintes (1).

Dieu semblait avoir établi dans cette sainte famille un bonheur que rien ne devait troubler. Cependant, qui ne sait qu'aux âmes fortes la Providence ménage souvent de grandes épreuves?

Adalbalde conçoit le projet d'une expédition en Gascogne, nécessitée par les affaires de ce pays. Sainte Rictrude use de tous les moyens pour l'en détourner ; elle semblait connaître par une révélation divine le malheur qui devait lui arriver.

Mais les affaires publiques étaient en trop mauvais état et le courage d'Adalbalde trop grand pour se laisser vaincre par la crainte et le présage des dangers qu'il pourrait courir. Il rassure donc sa digne épouse par son énergie, et comme elle lui demandait la faveur de l'accompagner, avec cette autorité qui semblait venir

(1) On fait la fête de sainte Eusébie, abbesse de Hamage, près Marchiennes, le 16 mars ; celle de sainte Clotsende, abbesse de Marchiennes, le 30 juin ; celle de sainte Adalsende, le 24 décembre. — La fête de saint Maurand se célèbre le 5 mai.

d'En-Haut, il lui refuse ce qu'elle sollicitait, malgré ses larmes. Après de tendres et tristes adieux, il part, laissant à la garde de Dieu ses quatre enfants et sa noble épouse, qui ne pouvant le suivre, ne cesse de le recommander à son ange gardien, afin qu'il le conserve et le rende à son amitié comme à celle de ses enfants.

Cependant le Ciel en avait disposé autrement, il devait imposer à cette grande âme un nouveau et bien cruel sacrifice.

CHAPITRE IV.

VIDUITÉ DOULOUREUSE DE SAINTE RICTRUDE.

Dès son arrivée à Toulouse, Adalbalde trouve ses beaux-frères irrités contre lui. Depuis dix ans qu'il avait épousé leur sœur, ils nourrissaient des projets de vengeance. Ernold et Lucie, parents de sainte Rictrude, s'étaient efforcés de calmer la fureur de leurs fils, mais ils n'avaient pu y parvenir.

Comme Adalbalde se rendait un jour chez son beau-père, il est rencontré par ses ennemis qui se jettent sur lui et lui tranchent la tête. Ceci se passait en 646.

Le corps de saint Adalbalde fut d'abord rapporté à Douai, où on l'honora comme martyr. Il fut ensuite inhumé au monastère royal d'Elnon (depuis Saint-Amand) ; le roi Clovis II voulut lui faire des funérailles dignes d'un prince de la maison royale et d'un martyr. Elles eurent lieu en 646, le 2 février, jour auquel se célèbre la fête du saint. La cour, les princes et la noblesse y assistèrent avec une foule immense de peuple.

Rictrude, à la vue de son époux si cruellement assassiné par ses propres frères, s'abandonna, ainsi que ses enfants, ses serviteurs et tous les habitants du pays, à une grande tristesse ; cependant, tout en accordant à la nature ce qu'elle ne pouvait lui refuser, notre sainte se soumet à la volonté de Dieu, ranimée par les consolations de saint Amand, qui l'assure que son saint époux repose au séjour des bienheureux (1).

Rictrude avait environ trente-trois ans lorsqu'elle fut si cruellement éprouvée. Par les conseils du roi Clovis II, elle se retira dans l'une de ses terres, à Boiry, canton de Beaumetz, arrondissement d'Arras (Pas-de-Calais). Ce lieu

(1) Le bas-relief qui orne l'autel de sainte Rictrude, dans l'église de Waziers, représente cette scène déchirante.

est nommé aujourd'hui Boiry-Sainte-Rictrude. Elle y fut visitée par ce prince, qui désirait la voir épouser l'un des seigneurs de sa cour. Rictrude n'omit rien pour recevoir le Roi d'une manière conforme au rang qu'avait occupé son époux, en sorte que Clovis crut voir dans ce bon accueil qui lui était fait, un témoignage de la disposition où était la noble veuve de se conformer à ses désirs. Mais, au milieu du repas, Rictrude se lève de table et demande au Roi si, dans sa propre maison, il lui était permis de faire ce qu'elle désirait. Le monarque, croyant que, pour célébrer sa bien-venue et celle des principaux seigneurs qui l'accompagnaient, Rictrude voulait présenter la coupe pour lui faire hommage, répondit gracieusement que tout lui était permis.

Alors, cette noble veuve, tirant de sa poitrine un voile noir bénit par saint Amand, le met sur sa tête et conjure à haute voix le Seigneur de l'aider à le conserver jusqu'à la fin de sa vie.

A cette vue, le Roi sort brusquement de la salle du festin, puis, accompagné de ses gens, il quitte le château, indigné contre lui-même du consentement qu'il vient de donner à un acte qui contrarie ses projets.

Pendant ce temps, la pieuse veuve, sans se troubler, remet son sort entre les mains de Dieu, espérant que bientôt il exaucera ses vœux.

CHAPITRE V.

RICTRUDE QUITTE LE MONDE.

Les afflictions dont Dieu éprouve parfois ses élus, bien loin d'amener le murmure sur leurs lèvres, ne servent bien souvent qu'à augmenter leur amour pour lui ; c'est ce que va nous montrer sainte Rictrude.

Après les touchantes exhortations de saint Amand, par lesquelles il s'efforçait de cicatriser la plaie faite au cœur de notre sainte par la mort de son époux, elle prend la résolution de quitter le monde lorsque son fils Maurand sera parvenu à l'âge requis pour entrer à la cour des rois Mérovingiens. En attendant, elle continue de se livrer aux œuvres de piété au milieu de sa jeune famille, qu'elle portait au bien par ses exemples.

Enfin, le moment arriva où une séparation bien pénible devait s'opérer. Ce jour-là, il y eut dans le château de la noble veuve un mouvement inaccoutumé : on faisait les préparatifs du départ de Maurand pour la cour du roi Clovis, à qui saint Amand avait fait comprendre la sage conduite de Rictrude en refusant les propositions qu'il lui avait faites pour se consacrer à Dieu. La séparation fut douloureuse, les adieux déchirants dans cette sainte famille, où tous les cœurs étaient unis par les liens de la plus pure affection.

Saint Amand fait ses dernières recommandations à Maurand, qui prête une oreille attentive aux paroles du saint évêque. Les larmes aux yeux, il proteste une dernière fois qu'il conservera toujours, avec son innocence, le souvenir heureux de ses premières années. Puis, s'arrachant aux embrassements de sa mère, de ses jeunes sœurs et de saint Amand, il prend, en compagnie de quelques hommes de confiance, le chemin de la cour.

L'heure était venue pour Rictrude de se retirer au monastère de Marchiennes, avec ses filles qui brûlaient aussi du désir de se consacrer à

Dieu. Leur mère, heureuse de cet innocent empressement, soupirait après le jour où leurs communs désirs seraient accomplis.

La sainte famille quitte donc le château de Boiry, et se rend à Douai pour la dernière fois, afin de se placer sous la protection de Notre-Dame, et de là se rendre avec joie à Marchiennes. C'est là que Rictrude, tout entière aux aspirations de son âme, se consolera de la perte d'un époux chéri par les espérances de la foi.

Sous la conduite de Jonat, disciple de saint Amand, elle coule des jours heureux au milieu des saintes filles qui l'ont suivie dans sa retraite. Son âme, élevée vers Dieu par la prière et les pieuses méditations, puise encore dans les livres sacrés les lumières qui éclairent son esprit et les sentiments qui fortifient son cœur.

Cependant son âme devait encore supporter une séparation douloureuse : une maladie opiniâtre frappe tout-à-coup la jeune Adalsende et l'emporte au tombeau le 24 décembre, au moment où sur la terre éclate la plus vive allégresse. De toutes parts retentissait le chant triomphal des Anges : « Gloire à Dieu au plus haut des Cieux et paix sur la terre aux hommes de bonne volonté. » C'était la Nativité du Sauveur, la joyeuse fête de Noël.

Pendant trois jours Rictrude retient ses larmes pour ne point troubler la fête ; mais quand, au jour des saints Innocents, les mères éplorées de Rama font entendre leurs lamentations, elle ne peut comprimer plus longtemps les siennes.

La messe était terminée, et l'heure de prendre le premier repas du jour était venue : « Allez, mes sœurs, dit Rictrude, allez prendre avec actions de grâces la nourriture de vos corps ; pour moi, à l'exemple des mères désolées de Béthléem, je vais pleurer mon innocente petite Adalsende, que la mort m'a ravie dans un âge si tendre. » A ces mots, la parole expire sur ses lèvres, la douleur déborde de son cœur, et se retirant dans un lieu écarté, elle donne un libre cours à ses gémissements et à ses pleurs, tribut touchant de la nature qu'adoucit seul dans les âmes chrétiennes le sentiment de la foi et des espérances célestes.

CHAPITRE VI.

SAINTE RICTRUDE DEVIENT ABBESSE DE MARCHIENNES

Notre sainte avait fondé à Marchiennes une abbaye qu'elle avait dotée de grands revenus à perpétuité. Elle était heureuse de consacrer ses richesses à la gloire de Dieu et au salut des âmes qui, dégoûtées du monde et de ses plaisirs trompeurs, viennent chercher dans la solitude un refuge contre leur faiblesse.

A peine l'abbaye fut-elle terminée, que toutes les religieuses, d'une voix unanime, demandèrent sainte Rictrude pour abbesse. Mais l'humble veuve fit tous ses efforts pour ne point accepter cette charge. C'est le propre des âmes humbles de fuir les dignités avec non moins de soins que les imprudents du siècle les recherchent, sachant bien qu'il est toujours plus sûr de se laisser gouverner par autrui que de gouverner les autres.

Elle acccepta cependant, pour ne point résister aux ordres du Seigneur.

Revêtue de cette charge, elle voulut retracer dans sa personne le portrait admirable de sainte Gertrude (1), en l'imitant dans ses jeûnes, ses veilles, ses pénitences et la pratique de toutes les vertus. De sorte qu'elle était un vrai miroir dans lequel les religieuses de son monastère pouvaient admirer le parfait modèle de la perfection. Plus Dieu l'élevait en dignité, plus aussi son humilité jetait de profondes racines, semblable aux arbres qui s'enracinent de plus en plus à mesure que leurs branches s'élèvent.

(1) Sainte Gertrude était fille de Théobald, duc de Douai; elle épousa Rikoméris, prince du sang et seigneur de Boiry. De ce mariage naquit un fils unique, Ansbert, père de saint Adalbalde. Sainte Gertrude mourut abbesse et fondatrice de l'abbaye de Hamage, près Marchiennes, où elle avait reçu le voile des mains de saint Géry, évêque de Cambrai. — La fête de sainte Gertrude se célèbre le 6 décembre.

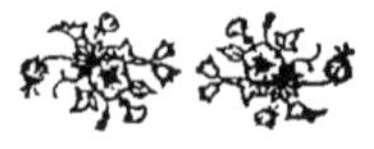

CHAPITRE VII

MORT DE SAINTE RICTRUDE.

Sainte Rictrude mourut à l'âge de 74 ans, le 12 mai 687 (1), entourée de ses trois enfants saint Maurand, sainte Eusébie et sainte Clotsende. Elle fut assistée dans ses derniers moments par saint Amand, comme on peut le voir au-dessous de l'autel élevé en son honneur dans l'église de Waziers.

Son corps fut déposé dans une châsse très-riche qui pesait environ 67 kilogrammes, et qui fut fabriquée à Douai par un orfèvre nommé Antoine Poveur. Elle avait coûté à Jacques Coëne, abbé de Marchiennes, qui en fit présent à son abbaye, la somme de 13,127 fr. 70 c., sans compter les pierreries magnifiques qui la

(1) La fête de sainte Rictrude se célèbre le 12 mai.

couvraient. Elle était décorée de statuettes, de bas-reliefs, de ciselures qui en faisaient une œuvre des plus belles en ce genre répandues dans les Pays-Bas.

A l'époque de la Révolution de 1793, cette magnifique châsse fut envoyée de Marchiennes à l'hôtel des Monnaies de Paris. Un employé de cet établissement, M. Desrotours, déposa plus tard ces reliques, avec celles de plusieurs autres saints, à l'archevêché de Paris. Elles y restèrent jusqu'au 29 juillet 1830, époque où elles furent dispersées pendant le pillage du palais de Monseigneur de Quélen.

De grands honneurs furent rendus à la sainteté et à la noblesse de notre patronne, qui avait si bien su communiquer à ses religieuses cette sainte énergie qui engendre les plus beaux sacrifices. Aussi peut-on dire que de la compagnie des saintes qu'elle avait formées, son âme prit son essor vers le séjour des bienheureux, où elle jouit au centuple des villes, des châteaux et des possessions dont elle a fait don aux églises.

CHAPITRE VIII.

MIRACLES DE SAINTE RICTRUDE.

Notre sainte fut favorisée du don des miracles non-seulement après sa mort, mais même pendant sa vie.

Sainte Berthe, veuve du comte Sigefrid, avait suivi l'exemple de sainte Rictrude à l'époque de sa viduité. Elle avait quitté le monde et pris le voile de religion. Ses abondantes richesses avaient servi à bâtir un monastère de religieuses; mais il arriva que l'église nouvellement bâtie s'écroula peu de temps après sa construction. A grands frais on la reconstruit, mais à peine terminée, une nouvelle ruine s'annonce. Sainte Berthe, affligée, recourt à sainte Rictrude, qui était douée d'un esprit de Dieu très-efficace pour consoler les âmes affligées et que la Providence éprouve pour augmenter leur mérite.

Sainte Rictrude s'efforce de consoler cette âme et d'aviser avec elle au moyen d'assurer son œuvre. Pendant qu'elles étaient ainsi occupées, tout à coup Berthe tombe comme évanouie. Sainte Rictrude lui demande la cause de cette défaillance arrivée si subitement. — « Hélas ! répond Berthe, Dieu vient de me faire entendre le bruit de la nouvelle ruine de mon église, comme si j'y avais été présente. » En effet, l'église venait de s'écrouler pour la seconde fois. — « Ne serait-ce pas un signe, reprit Rictrude, que Dieu a choisi un autre lieu pour votre fondation ? Prions ensemble, afin qu'il nous fasse connaître sa volonté. » Après trois jours de prières et de jeûne, un ange apparaît à Berthe, lui présente le plan d'une église en forme de croix, qui devait être bâtie à Blangy (Pas-de-Calais).

Berthe obéit à la voix du Ciel et va fonder son monastère et son église en ce village.

Deux démoniaques, qui rompaient leurs chaînes, sont en un instant délivrés des malins esprits, l'un ayant été attaché par force sur le tombeau de sainte Rictrude, l'autre à la seule invocation de son nom.

Deux aveugles recouvrent la vue par son intercession. Le premier l'avait perdue par un châtiment de Dieu, car voulant mettre le feu à une grange de l'abbaye de sainte Rictrude, il devint subitement aveugle. S'étant fait conduire à l'autel de la sainte, il y pleura sa faute et s'y endormit. Pendant son sommeil, sainte Rictrude lui apparut revêtue d'une robe blanche, et lui passant la manche de sa robe sur les yeux, il fut aussitôt guéri. L'autre aveugle, qui était un homme de bien, fut guéri en se lavant les yeux et en buvant de l'eau d'une fontaine, qui se trouvait dans le bois de Marchiennes et que sainte Rictrude lui avait désignée en songe.

Un prêtre, atteint de cette terrible maladie qu'on appelle la pierre, fut guéri subitement en disant la messe le jour de Sainte Rictrude. Il sentit une grosse pierre bien formée lui tomber de la vessie sans qu'elle y laissât aucune cicatrice.

En 1866, à Boiry-Sainte-Rictrude (Pas-de-Calais), un jeune homme appartenant à une des familles les plus respectables de Valenciennes, se livrait à la chasse : il se fit une blessure d'une gravité telle que ses jours étaient en danger. On a recours à la puissante intercession de sainte Rictrude et la guérison est obtenue. En reconnaissance de ce signalé bienfait, les parents du jeune homme offrirent à la paroisse une relique de sainte Rictrude, et le 12 mai 1867, une grande joie régnait à Boiry, les habitants étaient au comble du bonheur, recevant une relique de leur bien-aimée patronne.

Mais, entre tous les miracles de sainte Rictrude, il en est un que nous ne pouvons taire et que nous rapporterons avec d'autant plus de bonheur qu'il a été accompli à Waziers :

L'église paroissiale était en feu ; en vain les habitants faisaient des efforts pour éteindre les flammes, le feu se développait avec une rapidité effrayante. Ce fut lorsque tout paraissait désespéré, que sainte Rictrude apparut au milieu des flammes, et qu'avec les manches de sa robe elle arrêta l'incendie (1).

Que n'aurais-je pas encore à dire sur les mi-

(1) On peut voir ce miracle représenté dans l'autel de sainte Rictrude, à Waziers.

racles de notre sainte ! Mais les bornes d'une notice me forcent d'être court et de terminer en disant que sainte Rictrude a guéri en un instant les maux des intestins, des pieds, des bras ; délivré des femmes travaillées par les douleurs extrêmes de l'enfantement ; redressé les enfants boîteux et les paralytiques ; sauvé du danger un religieux qui allait être écrasé par une poutre ; sauvé plusieurs personnes d'horribles chutes ; rompu les chaînes des esclaves, secouru les voyageurs sur terre et sur mer, qui se trouvaient dans les plus grands périls.

En présence de marques si nombreuses de sa protection, pouvons-nous lui refuser notre confiance, nous surtout habitants de Waziers, qui avons le bonheur de l'appeler notre patronne ?

A son exemple, pères et mères, apportez tous vos soins pour donner à vos enfants une éducation solidement chrétienne ; donnez-leur l'exemple de la pratique constante de notre sainte Religion, et ces enfants deviendront comme vous de fervents chrétiens ; ils feront votre bonheur et votre gloire sur la terre, en attendant qu'ils soient votre couronne dans l'éternité.

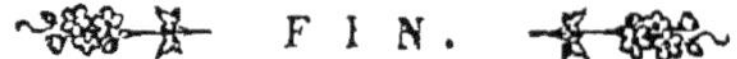

PAROISSE DE SAINTE-RICTRUDE

A WAZIERS

CONSÉCRATION

SOLENNELLE

DE LA NOUVELLE ÉGLISE

PAR Mgr MONNIER, EVÊQUE DE LYDDA.

Le DIMANCHE 23 SEPTEMBRE 1877, à sept heures du matin, arrivée de Monseigneur dans la paroisse.

Sa Grandeur se rendra processionnellement à la vieille église, pour y vénérer les Reliques, puis commencera la Consécration du nouveau Sanctuaire.

Pendant cette première partie de la Cérémonie, l'entrée de l'église est interdite aux fidèles.

Vers neuf heures, Sa Grandeur ira chercher processionnellement les Reliques qui doivent être placées dans le nouvel autel.

A la rentrée de la Procession, les fidèles pourront entrer dans l'église.

Vers dix heures, Messe Pontificale.

Chaque partie de la Cérémonie sera annoncée au son des cloches.

A quatre heures du soir, Vêpres pontificales et Sermon par Monseigneur.

Après le Sermon, Sa Grandeur, accompagnée de tout le clergé et des fidèles, ira chercher le Très Saint-Sacrement à la vieille église, pour le placer définitivement dans le nouveau Sanctuaire.

A l'issue de cette Procession, Salut et Bénédiction solennelle du Très Saint-Sacrement.

TABLE.

Douai. — Impr. catholique de L. Dechristé.

www.ingramcontent.com/pod-product-compliance
Ingram Content Group UK Ltd.
Pitfield, Milton Keynes, MK11 3LW, UK
UKHW022149190726
13855UKWH00004B/1407

9 782013 037549